Yf 10.110

REFLEXIONS

SUR

LA TRAGEDIE,

Pour être mifes à la fuite d'Ariftomène.

Par le même Auteur. *(Marmontel)*

Le prix eft de dix fols.

À PARIS,

Chez SEBASTIEN JORRY, Imprimeur-
Libraire, Quai des Auguftins, près le Pont
S. Michel, aux Cigognes.

M. DCC. L.

Avec Approbation & Privilége du Roi.

REFLEXIONS

SUR

LA TRAGEDIE.

J'Ai toujours cru , fondé sur le témoignage & fur l'exemple de nos Maîtres, qu'il n'étoit que très-peu de regles générales en poësie ; & qu'une soûmission trop scrupuleuse à celles qu'on nous a prescrites , réfroidissoit l'imagination , & resserroit le talent. Je n'avois donc pris de nos Législateurs , que les principes qui m'étoient les plus analogues , & je m'en étois fait une espece de poëtique , à laquelle je me suis conformé dans les deux Essais que j'ai donnés au Théâtre. Mais quelques critiques

E

qu'on m'a faites sur *Ariſtomene*, & ſur *Denis le Tyran*, m'ont rendu ſuſpects ces principes, & j'ai cru devoir les expoſer aux yeux des connoiſſeurs pour les réformer, s'ils ſont vicieux, & pour me raſſurer ſi on les adopte. Ces réfléxions ſont les fruits de l'étude : je ne les ai faites que pour moi, & je ne les préſente qu'à mes Juges. Du reſte, ſi je prens quelquefois un ton poſitif ; ce n'eſt que pour éviter les circonlocutions du doute : & j'avertis qu'*il me ſemble* eſt ſous-entendu partout où il n'eſt pas expreſſément employé.

DES MOEURS. Le grand art d'être utile aux hommes, c'eſt de tourner les plaiſirs au profit des Mœurs. * Il eſt étonnant que cette ma-

---

* Comme on trouve des Pirrhoniens en tout genre, il en eſt qui révoquent en doute ſi les mœurs du Théâtre influent ſur celles de la ſociété. Qu'on faſſe attention à la force de l'habitude, & la queſtion ſera décidée. Tout ce qui émeut l'ame, la change à la longue, & ce principe

xime, la premiere regle de la Poëſie, &
ſurtout de la Poëſie Dramatique; ait été
ſi connuë & ſi peu pratiquée des Anciens, qui ont d'ailleurs la réputation
d'avoir été meilleurs citoyens que nous.

Comment corriger les hommes par
la peinture des malheurs de leurs ſem-
blables; ſi l'on ne leur fait voir dans les
Caracteres, la ſource de ces malheurs?
Or de l'aveu d'Ariſtote, la plûpart des
Tragédies anciennes, imitent une action
ſans mœurs, c'eſt-à-dire, indépendante
des Caractères. * J'avoue que comme

---

puiſé dans la nature a été pour toutes les Nations une régle de politique.

* Ariſtote, qui dans ſa Poëtique nous a laiſſé des
conjectures, dont on a eu la bonté de faire des
régles, prétend que les mœurs ne ſont pas une
une partie eſſentielle de la Tragédie. Ce paſſage
avoit embarraſſé Corneille, qui l'explique le plus
favorablement qu'il peut; mais lui & M Dacier
ont beau le pallier. Ariſtote lui-même en a fixé le
ſens. *On trouve,* dit-il, *entre preſque tous nos Poëtes
tragiques la même différence qu'e tre les Peintres,*

E ij

nous nous intéreſſons d'autant plus au
fort des malheureux, qu'il eſt moins mérité ; L'Œdipe & le *Philoctete*, par exemple, ſont très-propres à exciter en nous
la terreur & la pitié. Mais de quel vice
peuvent-ils corriger, à quelle vertu peuvent-ils élever l'ame ? Les crimes d'Œ-
dipe étoient inévitables. Il eſt parricide,
pour s'être battu en homme de cœur, il
eſt inceſtueux pour avoir deviné une
énigme. Tous les Commentaires des En-
thouſiaſtes ne peuvent le rendre ni plus
vertueux, ni plus criminel : cependant
l'Œdipe eſt cité pour exemple, du gen-

*Zeuxis, & Polignote. Ce dernier exprimoit parfai-
tement les Mœurs, & l'on n'en trouve aucun indice
dans les ouvrages de l'autre.* Sur quoi M. Dacier
fait cette remarque. *Tous les Ouvrages de Zeuxis
étoient ſans mœurs, parce qu'ils viſoient au prodigieux & au merveilleux.* La penſée d'Ariſtote eſt
donc même, ſuivant M. Dacier, qu'une Tragédie
ſans mœurs, eſt celle où le merveilleux domine,
& qui ſe conduit par des moyens ſurnaturels &
étrangers aux Caractères.

te de Tragédie, le plus parfait à l'égard
des mœurs. La Tragédie devroit avoir,
comme la fable & l'épopée, une morali-
té à laquelle l'action aboutît, & qui laiſ-
ſât dans l'ame des Spectateurs, une impreſſion vive, ou d'horreur pour le crime, ou d'amour pour la vertu, ou de
tous les deux à la fois.

C'eſt l'effet que produiſent plus com-
munément, les Tragédies qui finiſſent
par une cataſtrophe heureuſe pour les
bons & malheureuſe pour les méchans.
Ariſtote ne met ce genre de fable que
dans la ſeconde claſſe, par une raiſon à
mon avis très-frivole ; & lui préfere celle, où un perſonnage également mêlé Poët. ch. 15.
de vices & de vertus, eſt malheureux
par une faute involontaire. Mais, s'il
m'eſt permis de le dire, cette regle eſt
très-défectueuſe, car 1°. les fautes que
fait commettre une *paſſion violente*, ne Ibid.
ſont pas involontaires ; & ſi elles l'é-
toient, les exemples funeſtes ne ſçau-

E iij

roient nous en garantir. 2°. Les fautes,
d'ignorance, ou qui viennent d'une *for-*
ce majeure & *extérieure*, font inévitables,
& la peinture des malheurs qui les fuivent, eſt peu propre à nous corriger.

Ariſtote exclut du Théâtre les caractères purement vertueux. *S'ils ſont heu-*
reux, dit-il, *l'action n'eſt plus tragique :*
s'ils ſont malheureux, leur exemple dé-
courage & révolte ceux qui pourroient les
imiter. Mais ſi après avoir ſoutenu ſans
ſe démentir, les plus rudes épreuves de
l'adverſité, ils ſortent avec toute leur
innocence des périls où ils ont été expo-
ſés ; l'action eſt tragique, & la vertu produit ſon effet ſur l'ame des Spectateurs.

Il proſcrit les perſonnages purement
vicieux, par des raiſons à peu près ſem-
blables. *Leur malheur*, dit-il, *peut faire*
quelque plaiſir ; mais il n'excite point la
pitié, parce qu'il eſt trop mérité : il n'ex-
cite pas la terreur, parce que le commun
des Spectateurs ne leur reſſemble pas aſſez

*pour craindre pour lui les revers qui les pu-
niffent.* Mais fi ces perfonnages font mis
en contrafte avec les bons ; ils les font
fortir., ils les mettent en péril, ils aug-
mentent l'intérêt , & le crime terraffé
fert de trophée à la vertu triomphante.

Plus je lis les Anciens , & plus je
crois m'appercevoir qu'à l'exception
d'Homère, aucun d'eux n'a bien connu
l'art & l'avantage des contraftes.

Quoiqu'en dife Ariftote , ils femblent
n'avoir voulu exciter dans l'ame des
Spectateurs qu'une terreur & une pitié
ftériles ; peut-être parceque ceux qui
décernoient le prix de la Tragédie dé-
cidoient leurs fuffrages fur la feule é-
motion. Les Modernes fe font quelquefois bornés à ce fuccès imparfait. L'Œ-
dipe où les Dieux feuls font criminels ;
l'Iphigénie en Aulide , ce monument de
la plus affreufe fuperftition ; l'Electre &
l'Aftrée où tout ne refpire & n'infpire
que la vangeance ; la Phédre où l'inno-

cence eft prife pour victime , où tout
fe conduit par la fatalité , ont eu fur
notre Théâtre le même fuccès que fur
le Théâtre d'Athènes. La raifon en eft
fimple : ces Sujets font terribles & tou-
chants ; ils ont été maniés par de grands
Maîtres. Mais on ne fçauroit leur ap-
pliquer ce principe d'Horace :

Omne tulit punctum qui mifcuit utile dulci.

Auffi, ces mêmes Poëtes modernes qui
fe font quelquefois laiffé entraîner à l'i-
mitation; font-ils bien au-deffus de leurs
modèles, à l'égard des mœurs, quand
ils fe livrent à leur propre génie. Les
Dieux , les Oracles, les Deftins ne fe
mêlent point de l'intrigue du Cinna , du
Britannicus, du Rhadamifte, de l'Alzire. Les paffions en font les feuls mobi-
les. Dans le Cinna, l'on voit à quel ex-
cès peut fe porter un amour effréné ,
& quel eft l'empire de la clémence fur
les ames les moins fléxibles ; dans le
Britannicus, l'affreufe deftinée d'un jeu-

ne Roi qui naturellement porté au vice, est encore livré à la basse ambition des flatteurs ; dans le Rhadamiste , les tourmens d'un cœur que les passions ont entraîné dans le crime , & les malheurs qui naissent de l'extrême sévérité d'un pere envers ses enfans ; dans l'Alzire , l'avantage de la belle nature sur l'éducation & de la Religion sur la nature. Voilà des leçons générales , touchantes & lumineuses dont les Anciens nous ont laissé peu d'exemples.

Ils ont connu l'importance de la Morale dans les détails ; mais ils en ont dépouillé les personnages , pour la rejetter sur les Chœurs. Cette maniere étoit plus facile & favorisoit la vivacité du dialogue ; mais je doute qu'elle soit aussi pathétique. Une maxime précise & vraye, mise en sentiment ou en réfléxion, frappe bien plus dans la bouche de l'Acteur que du témoin , surtout lorsqu'elle précéde ou suit immédiatement

E v

l'action qui la fait naître ou dont elle est le principe. La suppression des Chœurs a forcé les Modernes à mêler la Morale au Dialogue. Mais les uns l'ont fonduë dans le ſtyle, les autres l'ont détachée. Le premier eſt peut-être plus difficile & plus goûté des Connoiſſeurs ; le ſecond eſt plus frappant, & par conſéquent plus favorable. Du reſte, l'un & l'autre eſt dans la nature. L'ame a ſes ſaillies & ſes élancemens, & des illuminations ſoudaines, ménagées avec goût, ne conviennent pas moins aux grands caractères, que des idées ſuivies.

Ce que je viens de dire de l'avantage des Modernes ſur les anciens, à l'égard des mœurs, eſt commun à tous nos grands Tragiques ; mais il eſt une partie qui ſemble avoir été plus lente dans ſes progrès. C'eſt la Philoſophie de l'ame, cette onction de ſtile qui tourne en ſentimens, les idées les plus profondes &

les plus fublimes. Les ames , ainfi que les corps , ont leurs organes qui fe répondent. L'efprit parle à l'efprit , le cœur feul peut parler au cœur. Qu'un Poëte eft éloquent , lorfque dans fes écrits , c'eft le cœur qui penfe & qui s'exprime !

Une fimplicité noble, touchante, marquée au coin de la belle nature , & fouvent animée par la paffion ; fait le caractère de Sophocle & d'Euripide, avec cette différence, que le premier eft plus terrible , & le fecond plus pathétique. Corneille étonné , accable par la profondeur des idées , la force du raifonnement , la grandeur des caractères , la fublimité des fentimens , & une fécondité d'imagination qui tient du prodige. L'égalité & l'élégance du ftile , & l'art inimitable de nuancer la plus variée de toutes les paffions , ont mis Racine au rang des modèles. Un coloris fombre & majeftueux , un deffein plein de hardief-

E vj

fe, un pinçeau mâle & conduit par une imagination vigoureuse ont immortalifé l'un de leurs fucceffeurs. Il en eft un autre à l'égard duquel mon admiration eft fufpecte : mais qu'il me foit permis de demander quel rang mériteroit parmi les Maîtres du Théâtre, une ame à la fois grande, fimple, forte & fenfible, qui fe feroit pénétrée de tous les principes de la morale, qui auroit fouillé dans tous les replis de la nature, & qui mêlant aux charmes de la plus tendre éloquence le coloris du Poëte & les lumieres du Philofophe, aimeroit affez la vertu & l'humanité pour peindre l'une & inftruire l'autre par l'organe du fentiment ? J'ai lu les ouvrages de mon ami & de mon maître, & j'ai dit : » qu'un Auteur eft précieux au monde, » quand on ne peut ni l'entendre, ni lire, » fans devenir meilleur ! « Pour réfumer ce que je penfe des mœurs de la Tragédie, je crois que la gloire d'un Poëte tragique, n'eſt à ſon comble, que lorſqu'on peut écrire à la tête de ſes Œuvres, ces paroles de David. *Et nunc Reges intelli-gite, erudimini qui judicatis terram.*

De ces principes il réſulte naturelle-ment que tout caractère noble n'eſt pas également favorable à la Tragédie. J'ai déja laiſſé entrevoir que les Anciens me ſembloient en avoir très-peu de vrai-ment tragiques. Cela vient de ce que l'action de leurs piéces étant indépen-dante des caractères, ils ont choiſi les ſujets par le fond plutôt que par les perſonnages. Non qu'ils ayent dédai-gné de marquer & de ſoutenir les caractères, quand il s'en eſt préſenté : Témoin l'*Iphigénie en Aulide ;* mais ils s'en croyoient trop diſpenſés, quand le ſujet ne les y invitoit pas.

Dans les Diſcours de Corneille ſur la Tragédie, on voit que le ſyſtême des Anciens lui répugnoit. Il avoue avec tous les égards qu'il croyoit de-

DES CA-RACTERES.

voir à Ariſtote, qu'*Œdipe* n'eſt pas aſſez coupable, & que *Thieſte* l'eſt trop.
Ce génie vrayment créateur, conce-
voit un genre plus noble & plus parfait
que celui de Sophocle & d'Euripide, &
c'eſt lui qui nous a appris à faire ſortir
l'action théâtrale, du fond même des
caractères.

Cette nouvelle méthode a obligé nos
Poëtes, à chercher des caractères pro-
pres à produire par leurs combinaiſons,
des ſituations & des événemens tragiques. Il a fallu employer le jeu des paſſions, & le contraſte des ſentimens, ces
grands reſſorts de la Tragédie moderne.
Cette reſſource n'étoit pas inépuiſable.
C'eſt une mine d'or où nos Maîtres ſe
ſont enrichis, & où il ne reſte plus que
quelques veines à ſuivre. Qu'un Auteur
feroit heureux, ſi, à force de travail, il
pouvoit encore former un groupe comme celui d'*Heraclius* ! Avec de tels perſonnages, une action pour être tragi-

que , n'a pas befoin du fecours des grandes paffions. Dans Heraclius , l'amour
eft épifodique , & négligemment traité :
Phocas d'ailleurs , n'éprouve ni l'extrême fenfibilité d'un pere , ni les frayeurs
tumultueufes d'un tyran : il n'eft qu'in-
quiet & politique ; mais la vertu & l'u-
nion des deux Princes , l'orgueil inflé-
xible de Pulchérie , le filence obftiné de
Leontine , & l'horreur naturelle du parricide , mettent Phocas dans des fituations plus terribles , que les plus terribles combats des paffions. Et de là ré-
fulte une des plus belles Tragédies qui
ayent paru fur aucun Théâtre du
Monde.

Ainfi , il eft des caractères tranquiles ,
qui, heureufement contraftés , & mis en
fituation, deviennent auffi tragiques, que
les caractères paffionnés. Qu'on fe pei-
gne vivement Socrate dans la prifon au
milieu de fes amis : cette idée arrache
des larmes. J'en ai toujours vu répandre

à ces mots d'Augufte à Cinna : *Soyons amis*. Corneille a excellé dans ce genre de Tragédie, peut-être le plus parfait de tous à l'égard des mœurs, & M. Adiffon eft un de ceux qui ont le plus approché de Corneille. Dans fon *Caton*, le rôle de ce Romain m'a paru un chef-d'œuvre. Je doute que la paffion la mieux exprimée, fift plus d'impreffion fur l'ame des Spectateurs, que la tranquilité de Caton, en voyant le corps de fon fils, ou lorfqu'après avoir tout préparé pour fa mort, il veille au falut de fes amis. Lorfqu'on voit un grand homme qui dompte la nature, à force de vertu; on aime à s'abandonner pour lui, aux fentimens qu'il étouffe : & on s'y livreroit moins, s'il s'y livroit davantage. C'eft une exception à cette regle d'Horace : *Si vis me flere, dolendum eft primùm ipfi tibi.*

Mais l'avantage des caractères paffionnés, c'eft qu'ils fe fuffifent pourvu qu'on leur oppofe des obftacles. Ainfi le caractère d'Ariane n'a befoin que de l'infidélité de Théfée, pour foutenir avec affez de chaleur une action de cinq Actes. Ainfi le filence de Zaïre fait paffer Orofmane par tous les mouvemens de la plus violente paffion & met continuellement en fituation l'amoureux le plus tragique qui foit au Théâtre. Au lieu que les caractères de fierté, de générofité, de fermeté, de fimple tendreffe ont befoin d'être contraftés. La raifon en eft que toute intrigue doit être en action & que fi le caractère principal eft naturellement tranquille; il faut que tout ce qui l'environne le heurte pour le mouvoir. Tel eft Augufte dans Cinna, tels font les deux Horaces dans la Tragédie de ce nom. Un avantage non moins réel, c'eft que la paffion eft toujours neuve & que l'impreffion n'en eft point affoiblie par les reffemblances. Après Ariane, Phédre, Hermione &c. on a vu avec tranfport Orithie.

La délicateffe de quelques perfonnes
ne fouffre point fur la fcène tragique
les caractères odieux comme ceux d'A-
trée, de Cléopatre dans Rodogune, de
Médée &c. Et pourquoi n'y feroient-ils
pas admis, s'ils font peints en grand &
avec les couleurs qui les font haïr ? On
veut du moins qu'ils meurent. Il fuffit,
je crois, qu'on les détefte. Ce qui rend
l'exemple du crime falutaire ou perni-
cieux, ce n'eft pas la peine ou l'impu-
nité : c'eft la façon dont on le préfente.
La mort du coupable eft moins ef-
frayante, que l'horrible état où il vit.
Il eft vrai que ces tableaux demandent
la plus grande force. Un Auteur qui
dans la cataftrophe de fa Piéce, veut
faire furvivre le criminel à l'innocent ;
s'engage à mettre fes Spectateurs dans
le cas de regarder la mort de l'innocent
comme un bien, en comparaifon de la
fituation affreufe où il réduit le coupable. De tels coups font des miracles du

génie , & l'on doit trembler à l'essai.

Tel caractère n'est pas vraisemblable,
n'est pas dans la nature. Cela signifie
dans la bouche du commun des hommes,
Tel caractère n'est pas le mien. Dans la
bouche des Connoisseurs , cela signifie
que dans tel caractère, le jeu des passions
& des sentiments contredit l'idée qu'on
a de la nature de l'ame. C'est de toutes
les critiques la plus difficile à motiver
& à détruire , parce qu'elle est prise
dans le sentiment , & que le sentiment
ne se discute point. Il seroit bon cependant de fixer & d'éclaircir ce point de
Métaphysique.

Ou un caractère n'a qu'une seule passion sans contrepoids , ou il en a plusieurs qui se combattent. Dans le premier cas il est naturel que la passion
s'irrite par les obstacles, qu'elle croisse
dans le malheur, qu'elle se contredise ,
qu'elle s'immole elle-même à elle-même. Rien ne caractérise mieux l'amour

de la Reine Elizabeth pour le Comté
d'Effex, que la réfolution qu'elle prend
de lui faire époufer Sufolk fa Rivale,
pour l'engager à prendre foin de fa vie.
Dans le fecond cas où les paffions fe
combattent dans le même caractère, il
n'en eft aucune qui ne puiffe prévaloir,
pourvû qu'on l'annonce comme domi-
nante. Et de cette régle je n'exclus pas
même les fentiments.

La paſſion porte avec elle le principe
de fon activité. C'eft ce qui la diftingue
du fentiment, qui ne devient actif que
lorfqu'il eft remué par des caufes étran-
geres. L'amour, l'ambition, la vangeance
font des paffions : l'ame qui les éprouve
en eft fans ceffe agitée. L'amitié, l'amour
paternel, l'amour de la vertu, l'amour de
la patrie font des fentiments: le calme eft
leur état naturel ; mais dès qu'ils font
mis en mouvement, on doit les comp-
ter au rang des paffions. Ils en ont toute la violence & peuvent les vaincre

ou leur céder fuivant qu'on les a peints
avec plus ou moins de force. Qu'on
donne à Mérope telle paffion qu'on
voudra ; elle fera facrifiée à la nature.
Et pourquoi Socrate n'aimeroit-il pas
la vertu, comme Mérope aime fon fils ?
Quelques perfonnes en feroient impa-
tientées ; mais il eft des fuffrages qu'il
faut fçavoir dédaigner. Corneille avoit
conçu le deffein de mettre Sénéque * fur
le Théâtre, & fans doute il en eût fait
un Philofophe.

On dit fouvent ce caractère me révolte. C'eft quelquefois un éloge, &
quelquefois une critique. Eft-ce contre
le perfonnage qu'on eft révolté ? Souvent l'Auteur ne demande pas mieux.
Si Racine avoit craint ce reproche, il
n'eût mis fur le Théâtre ni Matan ni
Narciffe. Eft-ce contre l'Auteur ? c'eft
la plus cruelle de toutes les critiques.
Dans ce dernier fens un caractère ne

* V. l'Ep. Dedic. d'Herac.

révolte jamais que par des traits qui contredifent l'attente des fpectateurs : & cette fecouffe que produit en nous la furprife , ne vient que d'un défaut de nuance dans le caractere. Il n'eſt point d'événement ni de fituation où l'on ne puiſſe amener l'ame des hommes ; mais il faut l'y conduire , non l'y précipiter. Cléopatre exige de fes enfans la mort de Rodogune ; on n'en eſt point révolté. Rodogune exige de fes Amants la mort de leur mere ; on fe révolte. C'eſt que la propofition eſt dans le caractère de Cléopatre , non dans celui de Rodogune. Du reſte Corneille a fenti ce défaut mieux que perfonne ; mais il étoit néceſſaire , & fes beautés qui en naiſſent le rendent précieux aux Connoiſſeurs. Encore un exemple tiré de Racine.

En fuppofant que la gloire de la Gréce eſt intéreſſéé à vanger Mé-nélas , & qu'on ne peut obtenir les vents qu'au prix du fang d'Iphigénie,

je plains le fort d'Agamemnon au moment même où il fe réfout à facrifier fa
fille. Mais je ne puis , fans indignation,
lui entendre dire, en parlant à Achille
qui veut mourir pour la défendre :

> Et c'eft là ce qui rend fa perte inévitable.

Sont-ce là les fentimens que devoient
exciter en lui les tranfports d'un Amant
qui fe déclare le défenfeur de fa fille ?
S'il n'eût répondu à fes menaces qu'en
l'embraffant & en le baignant de fes
larmes, il nous en eût arraché. Ce n'é-
toit plus Agamemnon , dira quelqu'un ;
Achille lui réfifte , fon orgueil en eft
bleffé, *on ne connoît que trop la fierté
des Atrides.*

Oui, mais Agamemnon eft annoncé
comme un pere tendre. On lui peint
fa gloire & les triomphes qui lui font
réfervés : c'eft un fardeau qui l'accable. Heureux, dit-il,

> Heureux qui fatisfait de fon humble fortune,
> Libre du joug fuperbe où je fuis attaché,
> Vit dans l'état obfcur où les Dieux l'ont caché !

Il n'eſt occupé que de ſa fille : il veut lui ſacrifier ſa gloire & celle de la Grèce.

Non, tu ne mourras point. Je n'y puis conſentir.

Eſt-ce là cet homme qui dans ce même jour doit être tenté, ne fût-ce qu'un inſtant, de faire mourir ſa fille par la ſeule raiſon que ſon Amant s'y oppoſe ?

Que les admirateurs de Racine me pardonnent cette remarque. Je ne la propoſe que comme un doute ; & fût-elle fondée, elle ne diminueroit point mon reſpect pour un Auteur de qui j'ai reçu tant d'importantes leçons.

Il faut prendre ſon parti dès l'expoſition du ſujet, & que l'idée qu'on donne d'abord de ſes perſonnages prépare tout le rôle qu'ils doivent jouer dans le cours de l'intrigue. Avec cette précaution on fera triompher telle ou telle paſſion, tel ou tel ſentiment ſans ſortir de la nature. Tous les caractères ne ſeront pas également bons & vertueux ; mais ils ſeront tous vraiſemblables.

Le

Le Caractère annoncé comme bon, doit l'être suivant les principes de la plus pure morale. J'aurois eu tort, par exemple, dans *Denys le Tyran* de préfenter *Dion* comme vertueux, si sa révolte étoit un crime. Mais elle est un devoir. Denys s'est emparé de l'autorité souveraine par la violence. Les Syracufains, maîtres de leur liberté, ont le droit de se révolter contre un particulier qui les asservit. Denys les retient sous son obéïssance, à force de cruautés. Dion est citoyen de Syracuse; il doit donc s'unir à ses concitoyens pour les dégager, & ce qui feroit un attentat contre un Roi légitime, devient une action héroïque contre un Usurpateur; en un mot la violence de Denys est un crime, la révolte de Dion, est donc un acte de vertu.

Dans *Aristoméne*, ce heros croit ne pouvoir sauver sa femme & son fils, qu'en exposant sa Patrie à être saccagée: cette crainte le retient, il préfere l'Etat à sa fa-

mille, fuivant le principe le plus incon-
teftable de la morale : & ceux qui le re-
gardent comme un monftre, feroient
comme lui à fa place, ou feroient eux-
mêmes des monftres dans la fociété.

Mais quelque heureufement conçus,
quelque bien foutenus que foient lesCa-
ractères, ils ne peuvent réüffir au Théâtre qu'autant qu'ils concourent à l'intrigue, & que l'intrigue les met en fituation.

DE L'IN-
TRIGUE.
On fçait que l'intrigue eft l'enchaî-
nement des parties de l'action, & c'eft
encore un point où les modernes me
femblent fupérieurs aux Anciens. On
loue la fimplicité des Tragédies grec-
ques, & l'on avoue que nous aurions
tort de la prendre pour modèle. En effet, l'Iphigénie en Tauride, & le Philoctete, feroient trop fimples pour notre
Théâtre. Quelle en eft la raifon, c'eft
que la bonté d'un ouvrage eft relative
à ceux à qui on le deftine. Une partie

effentielle du goût d'un Auteur, c'eft la connoiffance jufte & délicate du carac_tère de fon fiécle & de fa nation, & le comble de l'art, c'eft d'allier ce rapport avec les principes incorruptibles de la belle nature. Ainfi les regles varient à certains égards avec les lieux & les tems. Il eft avéré, que ce qui enflame une imagination italienne, emeut à peine une tête fuédoife. Nous devons donc obferver dans la chaleur de l'intri-gue de nos Tragédies, la même propor-tion avec l'intrigue des Tragédies grec-ques, que la nature a obfervée dans la différence des climats ; & un Mathéma-ticien pourroit réduire ces gradations à la précifion du 'calcul. A la différence des climats, fe joint celle des tems & des gouvernemens. Des efprits fans ceffe agités par le tumulte des affaires publi-ques, tels que dans un état populaire, font bien plus fufceptibles des grandes impreffions, que des ames endormies

dans le calme d'une vie privée , telles
que dans un Etat Monarchique. C'eſt par
une raiſon à peu près ſemblable , que
ceux des ouvrages de Corneille , qui
ont le mieux réuſſi dans leur nouveauté ,
ont aujourd'hui ſi peu de ſuccès. L'effer-
veſcence des Guerres Civiles , n'étoit
pas encore appaiſée du tems de Corneille. Tout ce qui reſpiroit la politique ,
la fermeté d'ame , la hauteur des ſentimens étoit bien reçu d'un peuple , que
ſes malheurs avoient tourné à l'héroïſ-
me , & qui croyoit ſe reconnoître à cha-
que trait. Des tems plus tranquiles , ont
réfroidi les eſprits en les calmant , & les
événements tragiques , qui étoient comme des actions pour nos ancêtres , ne
ſont plus pour nous que des récits. L'é-
tat eſt plus heureux ; mais l'art du Théâtre plus difficile.

En ſuppoſant donc, que le ParterreFran-
çois eſt plus lent à émouvoir, que le Par-
terre d'Athènes , il y avoit deux moyens
de ſuppléer au dégré de chaleur qui nous

manque. L'un étoit la force des situations ;
l'autre, leur nombre & leur durée.

Les Anglois, qui par rapport au climat, sont dans le même cas que nous,
ont du côté du Gouvernement, le même avantage que les Athéniens. Mais
soit que l'esprit philosophique les réfroi-
disse, soit que les combats des Gladia-
teurs, que la politique autorise encore
parmi eux, les rende moins sensibles à la
simple imitation des catastrophes tragiques ; soit enfin que la populace qui
compose à Londres, la plus grande partie des Spectateurs, ait fait prévaloir son
goût barbare & grossier ; leur Théâtre a
porté la Tragédie à un dégré d'horreur
inconnu aux anciens. Rien ne les cho-
que de tout ce qui peut les émouvoir.
Les François aussi délicats que s'ils
étoient plus sensibles, n'ont pu souffrir
des spectacles si effrayants. La coupe
d'Astrée a fait détourner les yeux à toutes nos femmes, la vuë d'un échafaut les

F iij

révolteroit, à peine s'eſt-on accoûtumé au coup de poignard. N'oſant donc hazarder ſur notre Scene, des objets plus frappans, que ceux que nous préſente le Théâtre des Grecs ; il a fallu multiplier & prolonger les mouvemens tragiques, afin de produire dans des ames plus lentes, le même dégré d'émotion : ce qui rend l'intrigue de nos Tragédies ſi difficile, que les Poëtes François auroient beſoin d'une imagination Athénienne, tandis qu'une imagination françoiſe auroit ſuffi aux Poëtes Athéniens. C'eſt encore une compenſation en *raiſon inverſe*, qui tient de l'exactitude mathématique. Une difficulté non moins ſérieuſe, nous vient de l'habitude & de la connoiſſance du Théâtre, que les François ont par-deſſus les Grecs. La continuité des Spectacles, réfroidit les Spectateurs. Le peuple d'Athènes n'avoit des Tragédies, qu'à certains jours de l'année ; chez nous, c'eſt un amuſement preſque journalier ; & l'on ne ſçait

que trop , combien les plaifirs répétés ,
s'affoibliffent.

Je ne parle point de l'invention de
l'Imprimerie , de cet Art fi utile à la So-
ciété , fi favorable au progrès des Let-
tres ; mais fi incommode pour les Au-
teurs vivants : de cet Art , qui donne à
tous les Spectateurs , la cruelle facilité
de juger dans le fens froid & la folitude
du cabinet , ce que les Grecs n'auroient
vu, que revêtu de la pompe du Spectacle.
Les copies fur des *rouleaux* étant plus
couteufes, plus lentes à fe multiplier ,
& par conféquent moins communes que
nos *imprimés* ; les Poëtes d'Athènes a-
voient peu de Lecteurs, & le Public n'en
étoit que plus facile à féduire ; l'ufage &
la Lecture rendent nos Spectateurs plus
clairvoïants; mais moins fufceptibles d'il-
lufion. On fçait d'avance, tout ce que peuvent produire le contrafte des caractères, & le combat des paffions. Toutes
les fituations font prévues , & à moins

F iiij

d'un art prodigieux , on ne peut plus
préparer un dénouement, sans le laisser
entrevoir. Le dirai-je enfin ? les Poëtes
se sont trop communiqués. Ils ont admis
les profanes à leurs mystères : tout est
dévoilé. On voit les cordages qui font
mouvoir les machines , & l'enchante-
ment est détruit. Les Muses comme les
Sibiles , n'auroient dû rendre leurs oracles,que du fond d'un antre innacessible.

Pour comble de malheur,tout est mois-
soné sur la route que nos maîtres nous
ont tracée.Corneille a épuisé les ressour-
ces de la politique & de l'héroïsme , ou
plutôt il a porté si loin l'un & l'autre ,
qu'on seroit trop vain & trop humilié
en essayant de le suivre. Racine a mis
en œuvre tous les mouvemens de la
jalousie & de l'amour , leurs rivaux ont
employé tout ce que les grandes passions ont de théâtral. Tous les ressorts
de l'ame ont été mis en jeu , tous les
intérêts combinés , tous les caracteres
saisis & rendus avec succès. Il ne reste

donc plus pour qui veut ne pas reſ-
ſembler , qu'à chercher des ſituations
nouvelles , des coups de Théâtre fra-
pans , & cette route eſt entrecoupée
d'écueils & de précipices. Quel édifice
à conſtruire , qu'un plan de Tragédie , où l'on paſſe ſans interruption ,
d'une ſituation intéreſſante , à une
autre plus intéreſſante encore , juſ-
qu'au dénoûment : où l'action renfer-
mée dans les bornes de la plus exacte
vraiſemblance , ne forme qu'une chaî-
ne , tortueuſe à la vérité ; mais une , ſimple & ſans branches : où tous les événe-
nements ſont tirés du fond du ſujet , &
du caractere des perſonnages ! or telle
eſt l'idée qu'on a aujourd'hui de la Tragédie , à l'égard de l'intrigue ; & telle eſt
la regle , ſur laquelle nous devons nous
attendre à être jugés.

Rien n'eſt plus ſimple que l'idée que
je m'étois faite de l'unité d'action & de
dénoûment dans la Tragédie. On pré-

F v.

fente des perfonnages qui doivent exé-
cuter , ou fouffrir une action Théâtrale.
On intéreffe les Spectateurs au fort de
ceux qu'on veut faire plaindre ou pour
lefquels on veut faire trembler. On les
met en péril en même-tems qu'en action.
Ce péril continuë & redouble à mefure
qu'ils agiffent ; ou il eft immédiatement
remplacé par des périls nouveaux qui
naiffent du même fonds.Les perfonnages
périffent ou font en fûreté par l'iffuë de
l'action. Voilà une intrigue fimple &
complette. J'ai crû obferver cette méthode dans Ariftomène ; cependant
quelques Critiques ont prétendu y voir
une duplicité d'action & de dénoûment.
Je me fuis trompé fans doute ; mais eft-
ce dans la théorie, eft-ce dans la prati-
que ? Je fens bien que l'action eft dou-
ble dans l'Hécube d'Euripide , où à la
mort de Polidore fuccéde le péril de
Polixène. Je fens bien comment l'action de la Tragédie des Horaces eft fi-

nie au 4ᶜ Acte, où la querelle des Albins & des Romains eft terminée par le combat dont Horace fort victorieux ; mais l'action d'Ariftomène, c'eft la perfécution que ce Héros éprouve dans le fein de fa patrie, & pour la finir il faut qu'il meure ou qu'il triomphe de fes perfécuteurs. Si fa femme & fon fils périffoient au 4ᶜ Acte, le grand intérêt feroit détruit, mais l'action ne feroit pas achevée. Je les ai laiffés en péril jufqu'au dénoûment, par l'alternative du 5ᵉ Acte. Ce dernier trait de Cléonnis a été condamné, & perfonne ne m'en a bien dit la raifon. Eft-ce parceque tout pouvoit être appaifé dès le commencement du 5ᵉ Acte? mais Cléonnis pouvoit-il l'être fans démentir fon caractere ? La derniere reffource qu'il employe eft-elle indigne de lui, ou étrangere au fujet ? Depuis quand enfin les péripéties ne font-elles plus des beautés Théâtrales ? Si l'intérêt qu'on prend à

Ariſtomène faiſoit ſeul trouver mauvais
qu'il retombe dans le péril au moment
où il ſemble prêt d'en ſortir ; je ſerois
bien flatté de cette critique. Un Auteur
eſt bien heureux que ſes Spectateurs
s'impatientent des malheurs d'un Perſonnage qui doit en ſortir victorieux à
la cataſtrophe. Mais en excitant cette
impatience, il s'engage à la terminer
par un dénoûment ſatisfaiſant. Celui
d'Inès auroit fait tomber Ariſtomène.
En général les cataſtrophes heureuſes
pour les Perſonnages intéreſſants, ren-
voyent les Spectateurs plus contens de
l'Auteur & du Spectacle, & le genre
oppoſé, quoique peut-être plus tragique, laiſſe trop d'amertume dans l'ame,
pour être mis au rang des plaiſirs.
A mon avis la Tragédie eſt un jeu, pendant lequel l'ame ſe plaît à être affli-
gée, mais d'où elle veut ſe retirer avec
une impreſſion douce & voluptueuſe.

DE L'IN-
TEREST.

Intéreſſer, dans le ſens des Anciens,

c'eft infpirer la terreur ou la pitié ou toutes les deux à la fois. Pour y parvenir ils ont crû que c'étoit affez de préfenter des hommes illuftres dans l'adverfité fans leur donner de caractere intéreffant par lui-même. Tels font *Œdipe* & *Philoctete* qui n'ont dans Sophocle rien qui nous attache que leurs noms & leurs malheurs. J'ofe même dire qu'- *Electre* dans Euripide eft beaucoup moins qu'intéreffante, par la dureté de fon caractére. Enfin je vois quelques vices marqués dans leurs perfonnages, mais très-peu de vertus : foit qu'ils euffent affez bonne opinion de leurs Spectateurs pour croire que la qualité d'hommes fuffifoit aux malheureux pour émouvoir leurs femblables, foit que la Morale n'ayant pas atteint le degré de fublimité où elle eft parvenuë depuis, ils n'euffent pas des couleurs affez fortes pour rendre les vertus Théâtrales.

Mais ce qu'ils ont mieux faifi que

nous, c'eſt l'intérêt du ſujet. Le Théâtre Moderne n'en a point de comparables à ceux de la Mérope, de l'Œdipe, de l'Hécube, des deux Iphigénies. Telle eſt la bonté de ces ſujets qu'il eſt impoſſible qu'ils ceſſent d'être intéreſſants dans quelque tems, dans quelque pays & de quelque façon qu'on les traite ; pourvu qu'ils ne ſoient ni défigurés ni avilis. Et nous avons bien des Tragédies célébres dont on ne pourroit pas ainſi garantir le ſuccès. La nature eſt toujours & par tout la même ; mais les mœurs & la forme des paſſions ſont aſſujetties aux mêmes viciſſitudes que les tems & les Empires. Quel ſuccès n'auroit pas eu à Rome la Tragédie des Horaces ? Quel ſuccès auroit eu Britannicus à Lacédémone ?

On a cru long-tems, qu'il n'y avoit dans la Tragédie, que deux eſpéces d'intérêt, *la Terreur* & *la Pitié.* Il eſt vrai qu'on n'étoit d'accord, que dans les termes, & qu'on différoit souvent dans l'application. *La Pitié* n'a jamais été équivoque, il n'en est pas ainsi de *la Terreur.* Tout le monde est convenu avec Aristote, qu'il falloit inspirer la terreur, qu'Œdipe, Promethée, Oreste & Méléagre inspiroient la terreur; mais si Aristote eût dit à ses Partisans : *inspirer la terreur à quelqu'un, c'est lui faire craindre de tomber dans les malheurs qu'on lui présente.* Seroit-on convenu avec Aristote, qu'en effet on craignoit d'assassiner son pere, & d'épouser sa mere, comme Œdipe ; d'être déchiré par un Vautour, comme Promethée ; de tuer sa mere, & d'être tourmenté des Furies, comme Oreste ; d'être consumé en même tems qu'un tison comme Méléagre ? la terreur ne vient donc pas toujours d'un retour sur soi-même, comme le prétend Aristote, & souvent ce n'est pas pour nous, que nous frémissons au Spectacle ; mais pour celui qui est en péril, & auquel nous nous intéreſſons.

Je ne prétends pas traiter de chiméri-
que, cette terreur ſalutaire dont parle
Ariſtote ; mais je crois qu'elle ne peut
être excitée que par des exemples, à la
portée des Spectateurs. Tels ſont les malheurs des paſſions, qui pour être repré-
ſentés dans des perſonnages illuſtres,
n'en ſont pas moins applicables au Vul-
gaire. Ce genre de terreur, mêlée à la
pitié, forme l'intérêt le plus vif & le plus
général;mais elle doit être dans le fonds
du ſujet, & tout l'art des détails ne peut
y ſuppléer. Que ces ſujets ſont précieux;
mais qu'ils ſont rares, & qu'il eſt difficile d'y éviter le reproche, ſi rebatu &
ſi injuſte des reſſemblances ! pour quoi
la nature eſt-elle dans tous les cœurs, ſi
ſemblable à elle-même, ou pour quoi
fait-on une honte à ceux qui l'imitent,
de la peindre avec les mêmes traits ?

Il eſt un intérêt de curioſité qui ne
ſuffit point à la Tragédie, mais qui eſt

effentiellement uni à celui de la terreur
& de la pitié. Car ces deux fentiments
portent fur l'incertitude ; & de celle-ci
naît une curiofité inquiéte , de voir
l'iffuë des fituations. De-là vient que
ce qu'on prévoit n'intéreffe plus , &
que la fituation la plus tragique devient froide dès qu'on voit un moyen
d'en fortir fans tomber dans une fituation plus terrible encore.

Il eft un intérêt d'admiration que
Corneille a introduit fur le Théâtre
& auquel il femble quelquefois s'être
borné. Mais il faut avouer que ce n'eft
pas dans fes meilleures Tragédies. Ce
fentiment qu'excite en nous la vertu ,
la grandeur d'ame , la fageffe , & tout
ce qui porte l'empreinte de l'héroïfme
fans même en excepter le crime ; met
le comble à l'intérêt Théâtral , mais ne
fçauroit y fuffire. Il faut même s'attendre a voir une Tragédie , où cette ef-
pece d'intérêt domine, plus eftimée que

couruë. Les hommes compatiſſent avec
plaiſir : mais ils n'admirent qu'à regret.
C'eſt que la pitié flate l'orgueil de celui
qui l'éprouve, & que l'admiration le
bleſſe. On croit être au-deſſus de ceux
qu'on plaint ; & l'on avoue qu'on eſt
au-deſſous de ceux qu'on admire. Ajou-
tons qu'on ſe refroidit ſur le grand plû-
tôt que ſur le pathétique, & que pour
admirer il faut la même ſurpriſe que
pour rire.

Un point que je croyois décidé, c'eſt
que l'intérêt dans la Tragédie devoit
être *un* comme l'action : c'eſt-à-dire, ne
porter que ſur une ſeule perſonne ou
ſur pluſieurs qui ſeroient unies par
leurs périls & par leurs infortunes. J'en
ai conféré avec des connoiſſeurs. Ils
ont prétendu qu'on pouvoit diviſer l'intérêt : & ils m'ont cité des exemples reſ-
pectables, tels que le Cinna & l'Andromaque. J'ai réfléchi ſur ces exemples &
j'ai compris que l'on ne m'avoit pas en-

tendu. Les perfonnages divifés d'intérêt
dans une Tragédie, peuvent nous atta-
cher alternativement fans affoiblir l'intérêt général, lorfque leurs intérêts particuliers ne font pas exclufifs. On plaint
Hermione, on plaint Andromaque, &
de là refulte un défir commun que Pir-
rus époufe l'une & qu'il laiffe à l'autre
la liberté. On admire Emilie, on craint
avec elle pour la vie de Cinna, & l'on
eft touché de la vertu d'Octave; & de
là refulte un défir commun de voir Octave en fûreté, Emilie appaifée &
unie à fon amant. Ces intérêts particuliers concourent à l'intérêt général, &
s'entr'aident au lieu de fe détruire. Mais
dès qu'on voit de l'impoffibilité à con-
cilier les intérêts particuliers, ils s'affoibliffent mutuellement, en faifant
diverfion à l'émotion des fpectateurs : &
la Phédre de Racine me femble être
dans ce cas, par l'impoffibilité qu'on
trouve à voir Phédre, Hypolite & Ari-
cie en même-tems heureux.

Ainſi l'intérêt doit dépendre du fonds du ſujet & du caractère des perſonnages; mais c'eſt au Dialogue à faire ſortir l'un & l'autre.

DU DIALO-
GUE.

On peut diſtinguer quatre formes de Scènes dans la Tragédie. Dans la premiere, les Interlocuteurs n'ont aucun deſſein, & s'abandonnent aux mouvemens de leur ame, ſans autre motif, que de l'épancher. Ce ſont autant de Monologues qui ne conviennent qu'à la violence de la paſſion, & qui dans tout autre cas, ſans en excepter les expoſitions, doivent être exclus du Théâtre, comme froids & ſuperflus.

Dans la deuxiéme, les Interlocuteurs ont un deſſein commun qu'ils concertent enſemble, ou des ſecrets intéreſſants qu'ils ſe communiquent. Telle eſt l'incomparable Scène d'expoſition, entre Emilie & Cinna, telle eſt la confidence mutuelle, entre Œdipe & Jocaſte. Cette forme de Dialogue eſt froide &

lente, à moins qu'elle ne porte fur un intérêt très-preſſant,

La troiſiéme eſt celle où l'un des interlocuteurs a un projet ou des ſentimens qu'il veut inſpirer à celui avec qui il eſt en ſcène. Telles ſont la Scène de Mithridate avec ſes enfants, & la harangue d'Antoine au peuple dans la mort de Céſar. Comme l'un des perſonnages n'eſt ni en action ni en ſituation; le dialogue ne ſçauroit être ni rapide ni varié, & ces ſortes de Scènes ont beſoin de beaucoup d'éloquence.

Dans la quatriéme les Interlocuteurs ont des vuës, des ſentiments, ou des paſſions oppoſés, & c'eſt la forme de Scène la plus favorable à l'action théâtrale. Quelquefois tous les perſonnages ne ſe livrent pas au Dialogue, quoiqu'ils ſoient tous en action & en ſituation. Telles ſont dans le ſentiment, la ſcène de Burrus avec Néron, celle d'Auguſte avec Cinna: dans la véhé-

mence, celle de Palamede avec Oreste
& Electre, celle de Nereſtan avec Zaïre : Dans la paſſion, la déclaration de
Phédre à Hypolite : dans la politique, la
Scène de Cléopâtre avec Antiochus &
Séleucus ſes fils, celle d'Arons avec le
fils de Brutus. Et alors cette forme,
comme la précédente demande d'autant
plus de force & de chaleur dans le ſtile,
qu'elle eſt moins animée par le Dialogue. Souvent tous les Interlocuteurs ſe
livrent aux mouvements de leur ame,
& ſe heurtent à découvert. Voilà, ce
ſemble, les Scènes qui doivent le plus
échauffer l'imagination du Poëte. Cependant on en voit peu de modéles
dans nos meilleurs Tragiques, ſi l'on
excepte Corneille, qui a pouſſé la vivacité, la force & la juſteſſe du Dialogue au plus haut degré de perfeĉtion.

L'extrême difficulté de ces Scènes
vient de ce qu'il faut à la fois que le
ſujet en ſoit très-important, que les

caractéres des Interlocuteurs foient par-
faitement contraftés , qu'ils ayent des
intérêts oppofés également vifs & fon-
dés fur des fentiments qui fe balancent ,
qu'enfin, l'ame des Spectateurs foit tour à
tour entraînée vers l'un & l'autre parti
par la force des répliques. On peut
citer pour modèles en ce genre , la
délibération d'Augufte avec Cinna &
Maxime , celle de Ptolomée avec fes
deux Miniftres dans la mort de Pompée , la fcène entre Horace & Curiace ,
celle entre Felix & Pauline , la confé-
rence de Pompée & de Sertorius, tout
le cinquiéme acte des Horaces, qu'on a
critiqué comme hors-d'œuvre , & qu'on
eût dû vanter comme un chef-d'œuvre
d'Eloquence : enfin plufieurs Scènes du
Cid, d'Heraclius, &c. & furtout cette
admirable Scène entre Chiméne & Ro-
drigue, où l'on a tant relevé quelques
jeux trop recherchés dans l'expreffion ;
fans dire un mot de la beauté du Dia-

logue , de la nobleſſe & du naturel des
ſentiments qui rendent cette Scène une
des plus pathétiques du Théâtre. Je ne
vois dans Racine que deux Scènes de
cette eſpéce l'une entre Britannicus &
Néron l'autre entre Agamemnon & A-
chille , & s'il m'eſt permis de le dire , la
premiere ne porte pas ſur un intérêt
aſſez marqué : ce n'eſt qu'une diſpute
en l'air entre deux jeunes Princes ; &
dans la ſeconde la cauſe d'Achille eſt
trop bonne. De là vient que la premiere n'attache point , & que la ſeconde
ne balance pas aſſez l'ame des Spectateurs. Mais l'expoſition de Brutus me
ſemble digne de Corneille.

En général le déſir de briller a beaucoup nui au Dialogue de nos Tragédies. On ne peut ſe réſoudre à faire
interrompre un perſonnage à qui il
reſte encore de bonnes choſes à dire, &
le goût eſt la victime de l'eſprit. Cette
malheureuſe abondance n'étoit pas

connuë

connuë de Sophocle & d'Euripide, &
si les Modernes ont quelque chose à leur
envier; c'est l'aisance, la précision, & le
naturel qui régnent dans leur Dialogue.

La Tragédie a-t-elle un stile, un ton
qui lui soit propre & qui la distingue du
Poëme épique? C'est une question que
plusieurs personnes trouveront ridicule;
Mais qu'on examine les modèles dans
l'un & l'autre genre , & l'on verra
qu'elle n'est pas si décidée.

DU STILE ET DES DE-. TAILS.

1°. Le Poëme épique ne diffère en rien
de la Tragédie, dès que le Poëte dispa-
roit, & qu'il introduit ses Personnages
sur la Scène. Ainsi le style du deuxiéme, du troisiéme , & d'une partie
du quatriéme Livre de l'Enéide ; le
style du deuxiéme & du troisiéme Chant
de la Henriade est tel qu'il doit être
dans une Tragédie; Et un Auteur dramatique pourroit, & devroit peut-être

G

faire parler Priam aux pieds d'Achille ,
comme l'a.fait parler Homère. Il en eſt
de même des adieux d'Heċtor & d'Andromaque , des regrets d'Evandre ſur
la mort de Pallas , des plaintes de Ni-
ſus ſur la mort d'Euriale , & d'une infinité d'autres morceaux de ſentimens
& de paſſions qui dans les Poëmes épi-
ques ſont de très-belles Scènes de Tragédie. La partie Dramatique de l'épopée peut donc être tranſportée ſur le
Théâtre , ſans changer de ſtile & de
ton. Mais il faudroit la dépouiller de
quelques-uns de ſes détails. Un exemple
fera ſentir ma penſée. On a reproché
à Racine d'avoir trop mis d'épique dans
le recit de Théraméne. Il n'a fait cependant qu'imiter la deſcription de la mort
de Laocoon, que tout le monde admire.
D'où vient , que l'un eſt un défaut dans
Racine , & l'autre , une beauté dans
Virgile ; eſt-ce parce que l'un ſe trouve
dans un Poëme Epique , & l'autre dans

une Tragédie ? non, dans l'un & l'autre, le Poëte diſparoît, & c'eſt un de ſes Perſonnages qui parle ; mais la ſituation d'Enée n'eſt pas la même que celle de Théraméne, & Didon peut écouter avec plaiſir des déſcriptions, qui doivent accabler Théſée. Ainſi la narration de Théraméne feroit trop épique, même dans un Poëme épique, & celle d'Enée ne le feroit pas trop dans une Tragédie ; mais elle y feroit déplacée, comme trop peu intéreſſante pour les Interlocuteurs. Comme les Perſonnages ne font jamais de ſens froid dans la Tragédie, tout ce qui n'a aucun rapport à leur ſituation, leur eſt inſupportable, ou du moins indifférent ; & c'eſt la raiſon qui exclut de ce Poëme, tout détail purement poëtique. Qu'importe à Arianne, de ſçavoir ſi le Vaiſſeau qui lui enleve ſon amant, laiſſe un ſillon après lui, & ſi l'Onde écume ſous les rames ? Ce n'eſt donc pas le ſtile qui

differe dans l'un & l'autre Poëme : les
mêmes choses y doivent être exprimées
de la même façon ; mais les mêmes choses n'y doivent pas être admifes. Un mor-
ceau dans lequel une longue comparaifon feroit à fa place, doit être lui-même
exclu de la Tragédie. Pourquoi ? c'eft
que tout ce qui fe raconte fur le Théâtre, doit intéreffer vivement le narra-
teur ou l'auditeur, ou tous les deux à la
fois : Et dans l'un & l'autre cas, il n'eft
pas naturel, que celui qui s'y intéreffe,
permette à l'autre de s'écarter, ou s'é-
carte lui-même du fil de la narration.
Mais je le répéte : ce n'eft pas le ftile,
ce font les écars qu'il faut condamner.
En voici la preuve. Rien de plus épique,
que la defcription du triomphe de Titus
dans Berenice : que plufieurs endroits
de l'Andromaque, où Racine a traduit
en Maître, les vers de Virgile : que le fa-
crifice d'Œdipe dans la nouvelle Tragédie de ce nom, & tous ces tableaux font

très-bien placés. C'eſt que tous les détails en ſont intéreſſants pour les Perſonnages, & que tout ce qui l'eſt appartient à la Tragédie. Berenice, Andromaqué, Œdipe, ont dû être frapés vivement de ce qu'ils racontent, & doivent le peindre de même. Ce qui rend ces morceaux encore plus remarquables, c'eſt qu'ils concourent à l'action. Celui de Berenice eſt une expreſſion vive & naturelle de ſon amour pour Titus : Celui d'Œdipe prépare ſa reconnoiſſance avec Jocaſte : ceux d'Andromaque entretiennent ſon amour pour Hector, & ſon averſion pour Pyrrhus. C'eſt ainſi que les détails devroient faire partie de l'édifice, dont ils ſont les ornements.

Homere, en parlant du matin, dit : l'*Aurore avec ſes doigts de roſe, ouvre aux courſiers du Soleil, les portes de l'Orient.* Adiſſon, dans l'expoſition de ſon Caton, fait dire à l'un des fils de ce

Héros : *l'Aube eſt couverte , le temps s'appéſantit , & des nuages épais s'oppoſent à la naiſſance du jour , de ce jour qui doit décider le deſtin de Caton & de Rome.* La deſcription d'Homere , n'eſt que poëtique ; celle d'Adiſſon eſt vraiment tragique , parce qu'elle naît de la ſituation. Il eſt naturel que le fils de Caton , à qui cette journée eſt redoutable , tire des préſages de tout , & remarque les circonſtances qui accompagnent la naiſſance de ce jour terrible. Juſque-là, je crois avoir éclairci ce point de Littérature ; mais je n'ai encore traité qu'une partie de la queſtion.

2°. Dans l'Epopée, c'eſt le plus ſouvent le Poëte qui parle : on le ſuppoſe inſpiré ; il doit donc , ce ſemble , prendre un ton plus haut , un ſtile plus hardi que les perſonnages qu'on introduit ſur la Scène, & dans cette partie du moins , le ſtile du Poëme épique ſemble differer de celui de la Tragédie. Qu'entendons-nous par un ton plus haut & plus hardi ? un ſtile plus véhément & plus figuré. Mais un intérêt vif, une extrême ſenſibilité, une imagination échauffée par la grandeur de ſon objet, ne tiennent-ils pas lieu au Perſonnage de la prétendue inſpiration du Poëte ? c'eſt le caractère d'une ame fortement affectée, de trouver toutes les expreſſions au-deſſous de ce qu'elle ſent. Alors il eſt naturel qu'elle ait recours aux images. Tandis que le ſentiment conſerve ſa douceur naturelle, rien ne le peint mieux, qu'une expreſſion ſimple ; mais lorſqu'il conçoit le dégré de chaleur de la paſſion, rien ne lui convient mieux que le ſtile figuré. Un amant qui n'eſt que tendre, dit ſimplement : *je vous aime* ; mais que ne dit-il point, lorſqu'il eſt paſſionné ? toutes les langues ſont trop foibles pour lui, & toute la nature ne lui peut fournir des images aſſez vives, pour peindre ſon ame aux yeux de ſon amante. Il en eſt de même de toutes les

paſſions. Dans les querelles du bas peuple, il s'échape ſouvent des traits de force qui ſurprendroient même dans la bouche d'un Poëte, & ces traits ſont plus
vifs & plus fréquens chez les nations, à
qui la nature du climat donne des paſſions plus fougueuſes, & une imagination plus ardente.

Il eſt des morceaux tranquiles, comme
ceux de politique & de raiſonnement, où
le ſtile figuré ne ſeroit pas à ſa place;
& Corneille n'y a mis que l'énergie
d'une expreſſion juſte & noble. Mais
peut-être ces morceaux, qu'un génie
puiſſant a fait admirer dans ſes Tragédies, ſont-ils étrangers à ce genre de
Poëme. Du reſte, ces morceaux placés
dans un Poëme Epique, auroient dû être
écrits avec la même ſimplicité. Il en eſt
de même des morceaux de fierté ou de
dédain. L'orgueil,& même la dignité af-
fecte une expreſſion froide & laconique.
Quant aux morceaux d'éloquence, comme ils peuvent être dans le ſentiment,

dans la paffion , dans le raifonnement &c. Ils fuivent le ftile propre à
ce qu'ils expriment , foit dans la Tragédie foit dans le Poëme héroïque.

De toutes ces obfervations on peut
conclure , que dans le même cas où le
ftile épique ou figuré convient à l'Epopée , il convient auffi à la tragédie.

Quelques Critiques admettent bien les
images reçuës &ufitées dans le ftile de la
Tragédie ; mais ils en excluent certaines
méthaphores à caufe deleur hardieffe.J'a-
vouë que je n'ai jamais compris cette dif-
tinction.Qu'entend-on par une métapho-
re hardie ? Si elle eft baffe , obfcure ou
fauffe;elle ne vaut rien. Si elle eft noble,
claire & jufte, elle eft parfaite. Mais elle
eft neuve. Tant-mieux. L'ufage eft le tyran des mots, non des images. Nous n'a-
vons point de bon écrivain qui n'en ait
rifqué,& c'eft à ces hardieffes que toutes
les langues ont dû leur embelliffement.
C'eft furtout le choix , la continuité &

la juſteſſe des images qui fait le charme du ſtile & qui diſtingue Racine de Pradon.

On ne ſçauroit ſe preſcrire de regles préciſes pour les détails: il eſt même auſ-ſi dangereux de les affecter, que de les négliger. S'ils abondent, ils abſorbent l'intérêt & l'action : s'ils ſont trop épar-gnés, le ſtile eſt ſec & ſans force. C'eſt l'embonpoint d'un ouvrage: ils en doivent embéllir les traits, non les effacer. Mé-nagés avec goût, ils jettent ſur les en-droits foibles un éclat qui ſupplée à la chaleur, à l'intérêt, & quelquefois mê-me à la vraiſemblance. C'eſt le preſtige de l'art, & je ne vois que la paſſion qui ſe ſoutienne ſans leur ſecours. Comme ils développent les ſentimens; c'eſt par eux qu'un caractère eſt ennobli. Dénué de ſes couleurs, le deſſein du caractère d'Horace le fils n'eût paru que feroce. Corneille le colorie ; il eſt héroïque. On ne peut ſe perſuader, avant d'y réfléchir, combien les détails changent les carac-tères. Une infinité de perſonnes vantent

le rôle de Mithridate : cependant tout
ce qu'il fait, est d'un homme du commun. Mais quelques détails frapants,
quoiqu'étrangers à l'action, donnent de
lui l'idée d'un Héros, & dans un pere
de famille assez bourgeois, on admire le
vangeur des Rois, & le rival du peuple Romain. Enfin les détails peuvent
seuls suppléer dans le cabinet, à l'illusion du Théâtre. On verra jouer Inés,
on y versera des larmes, on en sortira
saisi d'attendrissement & d'admiration ;
on ne la lira jamais.

On sera peut-être surpris que je n'aye
rien dit de la fameuse régle des trois unités. C'est que Corneille a traité à fond
cette matiére. Mais je voudrois bien que
lui & les autres modèles s'y fussent
moins scupuleusement soûmis. L'unité
d'action est essentielle à l'intérêt : Celle
des vingt-quatre heures n'est pas gênante. Mais que l'unité de lieu nous interdit
de beaux sujets ! On veut bien que la

G vj

ſcène change d'un appartement dans un
autre. Y auroit-il moins de vraiſemblance à paſſer d'une Ville dans un camp, &
d'un Palais dans une priſon ; pourvû
que le trajet fût poſſible dans l'intervalle
des actes ? Les commençants ne peuvent
former là-deſſus que des plaintes : C'eſt
aux maîtres de l'art à donner l'exemple.

Finiſſons. J'entens déjà les Critiques ſe récrier ſur l'audace de mes re-
marques. Mais on ne ſçauroit, je crois,
s'expliquer avec trop de franchiſe, lorſqu'on ne veut point tirer vanité de ſes
opinions, & qu'on n'écrit que pour s'é-
clairer. Les gens mal intentionés me
condamneront ; à la bonne heure. Les
connoiſſeurs deſintéreſſés me ſçauront
peut-être bon gré, d'avoir voulu appro-
fondir mon art : & l'indulgence du Public m'autoriſe à lui communiquer mes
idées, avec la confiance & l'ingénuité
d'un diſciple qui s'éclaircit avec ſon
maître.

FIN.

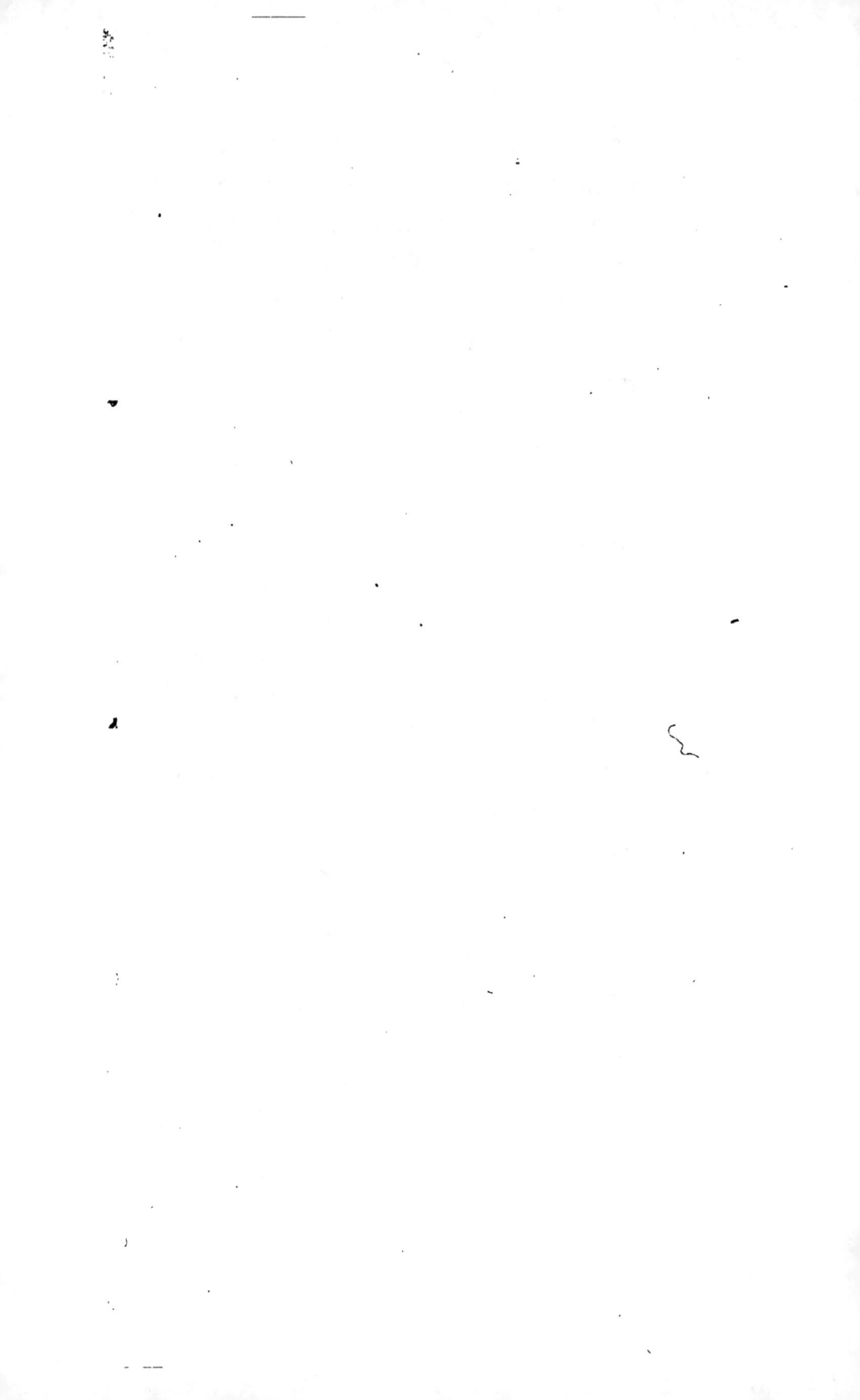

www.ingramcontent.com/pod-product-compliance
Lightning Source LLC
LaVergne TN
LVHW022133080426
835511LV00007B/1124